INTERNATIONAL POETRY NIGHTS ... ...

MW01118152

編輯 Editors

方梓勳 Gilbert C. F. Fong
陳嘉恩 Shelby K. Y. Chan
柯夏智 Lucas Klein
何潔賢 Amy Ho Kit Yin
北島 Bei Dao

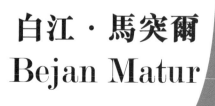

白江・馬突爾
Bejan Matur

目錄 Contents

1 RÜZGÂR DOLU KONAKLAR 四處是風的別墅
  Winds Howl through the Mansions.......................................2

2 TÖREN GİYSİLERİ 禮服 Ceremonial Robes...............38

RÜZGÂR DOLU KONAKLAR

Doğduğumuzda
Bizim için yaptırdığı sandıklara
Gümüş aynalar
Lacivert taşlar
Ve Halep'ten kaçak gelen kumaşlar
Dolduran annemiz
Bir zaman sonra
Bizi koyup o sandıklara
Yol
Rüzgâr
Ve konakları fısıldayacaktı kulağımıza.
Yalnız kalmayalım diye karanlıkta
Çocukluğumuzu ekleyecek
Avunmamızı isteyecekti
O çocuklukla.
Sırtımızdan jiletle akıtılan kanın
Karıştığı uzun ırmağa
Bırakıldığımızda
Annemiz bu kadarını istemezdi
Bu yüzden
O uyurken
Uzaklaştık
Diyorduk sulara.

Gidişin kendisinden artakalan
Her şey, herkes burada.

Ben buradayım
Kardeşlerim yitikliğiyle burada
Annem elbiseleriyle
Erkek kardeşim savaş korkusuyla
Babam burada hiç uyanmış olmasa da
Dünya eksilmiş etrafımda
Bir düş sanki olanlar
Uzayan ve uzadıkça acıtan

I
Annemiz
Siyah kadife elbisesini okşadığında
Saçlarını düşürerek bakışlarına
Babamızı hatırlardı:

Beyaz bir dağda olduğunu söylüyordu onun
Beyaz ve her bahar küçülen bir dağda

II
Hepimizden büyük olan
Ve uzaktaki savaştan korkan
Erkek kardeşimiz
Dönmeyince bir daha
Biz de korktuk savaştan.
Ama savaş değildi onu bırakmayan.
Gelirken yanımıza

Atıyla uyumuş
Babamızın karşısındaki karlı dağda

Annemizin yüzü azaldıkça
Omuzları küçüldükçe annemizin
Şaşırdık hangi dağa bakacağımıza

III
Evimizin uzun sofasında
Kadife elbisesi uzayıp
Gümüş başlığı ağırlaştıkça
Bolardıkça gümüş kemeri
Annemiz benziyordu baktığı dağlara.
Baharda inceliyordu kabuğu
Ama ulaşamıyorduk ona.
Ölüyordu
Bu defa gerçekten eriyordu
Bir daha görünmedi sofada

IV
Her kış kaybolan
Ve baharda ortaya çıkan
Bir ağaç oldu annemiz

Dövmeleri olan bir meşeydi o
İniltisi geliyordu kulağımıza

V

Annemiz
Her gece siyah kadifesiyle
Dolaşıyordu dağların arasında
Kökleri olmayan bir meşeydi o
Suskun, arasıra ağlayan

Ayrılmadan daha
Toplaşır gölgesine annemizin
Fısıldaşırdık aramızda
Tanrım n'olur bağışla
Evimizi bağışla tanrım n'olur
Dokunma sofamıza
Orada gülebiliyoruz ancak
Orada adamakıllı susuyoruz
Orada ağzımız bizim oluyor
Dokunmasak da

Görüyoruz annemizi uzaktan

VI

Soğuklar başladığında
Atlılar gelmişti bizi almaya
Yaşlı ve tuhaf atlılardı
Korkutmuşlardı bizi
Kar yağmıştı bakışlarına.
Ve hiç konuşmadan bizimle

Bakmadan ellerimizin küçüklüğüne
Konaklara götüreceklerdi bizi
Rüzgârla uğuldayan konaklara

VII
Annemiz
Babamızın ve kardeşimizin ortasında
Usulca uyurken
Uzaklaştık yaşlı atlılarla.
Boynumuz ağrıdı geriye bakmaktan
Gözlerimiz uzadı her kıvrımda.
Ama boşuna
Boşuna bizim ağlayışımız
Hastalığımız boşuna
Yönü yitirmişti atlılar

Dönemedik bir daha

VIII
Dağlardan yuvarlanan taşlar gibiydik.
Dört kızkardeş
Gölgesiyle derinleşen bir vadide
Artık bizim olmayan
Yatağımızı aradık
Aradık yatağımızı günlerce.
Kaç dağ gittiysek

O kadar uzaktık birbirimizden
O kadar yalnız kendimizle

IX
Ne son ne başlangıç
Ne içeri ne dışarı
Oradaydık
O taştan dünyanın ortasında.
Yollarımız uzadıkça
Annemizin dövmeleri kararmakta

X
Ayrılacaktık herbirimiz
Bir yolağzında.
Ama önce kim
Kim korkacaktı
Yoldan
Geceden
Ve yaşlı atlıdan.
Sıramız yoktu
Bu yüzden ürperiyorduk her ayrımda.

Ben kalmıştım sona
Önümde uzanan dar yolla
Acılarından güç alan
Bir yolcuydum artık hayatta

XI
Geldiğimde rüzgâr dolu ilk konağa
Günlerce uyudum
Kilimler ve bakırlar arasında.
Rüzgârı sevebilirdim
Kapılar ve pencereler olmasa

XII
On yılım geçti rüzgârla
Üşüdüm her konakta
Konuşmanın ne anlamı var diyordum
İnsanın yankısı olmazsa

Suskun konaklar gibiydim
Kapıları gittikçe çoğalan

XIII
Gümüşler ve atlar azaldıkça
Taşınıyordum oradan oraya
Yıldızların sesini tanıyordum
Güneye yaklaştıkça

XIV
Geceleri
Yalnız ve budala ay
Bana benziyordu

Bir tuhaflık vardı gülüşümde
Büyüyordum.
Aşkı düşünüyordum arasıra
Efendisini gövdenin.
Hangi gece uykusuz kalsam
Toprak kokuyordum

Ve çıktığım her yolculukta
Yorgunluğuma aldırmadan
Düşler kuruyordum.
Yolların korkutmadığı bir zamanda
Yoksulluğuyla alay eden
Yeşil gözlü bir adam çıktı karşıma
Gözleri koyulaştı adamın
Yaşlandıkça

XV
Çocuklarım oldu o yeşil gözlü adamdan
Biri askerdeyken, diğeri kızıl saçlı olan
İki oğlan.
Ve gelinim,
Her gece kızıl saçlı oğlumla uyuyan.
Üşürdü hep
"Yenge ayakların ne sıcak"
Derdi ona sokularak.
Onüç yaşında iki çocuk

Uyurlardı her gece fısıldaşarak.
O gecelerden birinde
Yağmur girmişti uykusuna.
Saçlarını bana bırak
Saçlarını bana bırak
Diyen yağmur,
Büyülemişti oğlumu uykuda.
Saçlarını rüzgârla yıkadığı
Tepeye çıktığımda
Görünen ova
Sular altındaydı
Bulutlar yapışmıştı toprağa.
Bir kıpırtı bekliyordum
Bir ses
Oğlumu gizleyen sulardan.
Arkamda toplanan köylüler
Uçları yanan sopalarla
Karanlığı hatırlattılar bana.
Duramazdım
İndim buharlaşan toprağa.
Çamurlar arttıkça
Gücüm yetmiyordu karanlığa.
Üşümesinden korkuyordum yine
Saçlarının kirlenmesinden.
Bir ses
"Ölmüş" dediğinde

Üşümüyordu artık oğlum
Sessizdi yağmurdan.
Yüzüm çamurlu ve keder içinde
Taşıdım gövdesini,
Saçlarını taşıdım ellerimde.
Yüzükoyun bindirildiği at
Tepeyi çıkarken
Işık sızdırıyordu gizlice.

XVI
Yeşil gözlü adamın
Bıraktığı yatakta
Yaşlanıyorum tavana baktıkça.
Artık
Anneminki kadar uzun eteklerim.
Saçlarım uzun
Oğlumun kızıl saçlarından.

Kısa sürdü her şey
Yolculuklar
Ölüm
Ve konaklar
Hiçbir şey kalmadı etrafımda
İsten kararmış sütunlardan başka

Gücümü toplamalıyım son defa
Saçlarım kına kokmalı
Elma çiçekleri olmalı suyumda.
Ve tanrı beni duyuyorsa
Daracık bir mezar istiyorum ondan
Konakların büyüklüğünü
Uğultusunu unutturan

四處是風的別墅

我們出生時，
是母親，
讓人做了幾個箱子，
裏面裝進銀鏡子，
深藍色的寶石，
還有，從哈勒頗走私來的布料。
過一段時間，
她會把我們裝到箱子裏，
俯在我們耳邊低語：
路，
風，
和別墅。
為了讓我們在黑暗中不孤單，
她會再給我們一個童年。
讓那個童年，
帶給我們慰藉。
刮砂刀片在我們背上劃出的血，
流進了一條長長的河。
我們被留在了河邊，
母親不希望這樣。
所以，
我們對河說，
她睡着的時候，
我們去了遠方。

儘管別離，

但所有的一切，所有的人都在這裏。
我在這裏，
我的兄弟姐妹在這裏，沮喪失落，
我的母親在這裏，穿着衣服，
我的哥哥在這裏，對戰爭充滿恐懼，
我的父親在這裏，雖然他從未蘇醒。
周圍的世界變小了，
一切仿如夢境，
夢越長，苦越濃。

I
我們的母親，
手撫黑色絲絨長裙，
目光被散落的頭髮搞亂，
她會回憶起我們的父親：

他在一座白色的山裏，
一座白色的山，每年春天都會變小的山。

II
我們的哥哥，
最年長的哥哥，
害怕遠方戰爭的哥哥，
一去不返，
於是，我們也懼怕了戰爭。
不過，拖住他的並非戰爭，

聽說，在回家的路上，
他睡著了，
就在父親那座山對面的雪山上。

母親的面龐日益消瘦，
肩膀不再挺拔，
我們迷惑了，不知該看哪座山。

III
家裏的長沙發上，
母親的絲絨長裙攤開著，
她的銀頭飾越來越沉，
銀腰帶越來越寬，
母親就像她看著的那些山。
春天，她的殼越變越薄
可我們夠不到她，
她快死了，
這一次她真的在融化，
從此再沒出現在沙發上。

IV
母親變成了一棵樹，
冬天消失，
春天回來。

她是一棵有紋身的橡樹，
她的呻吟聲常在耳畔響起。

V
每個夜晚，
母親都身穿黑色絲絨裙，
游走於群山之間，
她是棵沒有根的橡樹，
安靜，偶爾會哭泣。

上路前，
我們聚集到母親的樹蔭下，
輕聲低吟，
老天，求求你，饒了我們吧，
求求你放過我們的房子，
別碰我們的沙發，
只有在那裏我們才有歡笑，
才會安靜，
才願講話，
哪怕我們不碰它。

遠遠地，我們能看到母親。

VI
天氣漸冷，
幾個騎馬人來接我們，
都是些又老又怪的騎馬人，
讓我們感到害怕，
他們的眼中下着雪。
他們不講話，

不顧我們的手小，
他們要帶我們去別墅，
去那些四處是風的別墅。

VII
當母親，
躺在父親和哥哥中間，
安靜地睡覺時，
我們走了，和騎馬人一起。
脖子疼了，一路回頭張望着，
每拐一個彎，我們的目光都看得更遠。
可是，沒有用，
哭泣沒有用，
生病沒有用，
騎馬人迷路了。

我們再也回不去了。

VIII
我們就像從山上滾落的石頭，
姐妹四人，
在一個被影子拉得很深的山谷中。
我們尋找着自己的床，
它現在已不屬於我們，
找了很多天。
我們翻過了多少座山，

彼此就離了有多遠，
也就變得有多孤單。

IX
沒有結束，沒有開始，
沒有裏，沒有外，
我們就在那裏，
在那個石頭世界裏。
漸行漸遠，
母親的紋身也越來越黑。

X
我們將要分開，
在路口。
但是誰，
誰會第一個去害怕，
怕路，
怕夜晚，
和年老的騎馬人？
沒有順序，
但每一次分手都讓我們顫慄。

最後一個是我，
面前的路很窄。
生活中我是一位旅行者，
從痛苦中得到力量。

XI
來到第一個刮着風的別墅，
一睡就是幾天，
我躺在地毯和銅器中間。
我本可以喜歡風的，
如果沒有那些門和窗户。

XII
在風中過了十年，
每個別墅都令我寒冷。
我常説，講話有甚麼意義，
如果沒人回應你。

我就像那些沉寂的別墅，
門越開越多的別墅。

XIII
當銀子和馬越來越少，
我會搬家，從這裏搬到那裏，
當我離南方越來越近，
可以聽得到星星的聲音。

XIV
夜晚，
孤獨、笨拙的月亮，
就像是我。

我的笑容有些怪，
我長大了。
偶爾，我會想到愛情，
它是身體的主人。
夜晚無法入睡時，
我就會散發出泥土的味道。

每一次上路，
我都不顧疲憊，
編織夢想。
當我對路不再感到恐懼，
面前出現了一個綠眼睛的男人，
他嘲諷自己的貧窮。
他的年紀一天天變大，
眼睛越來越黑。

XV
我和那個綠眼睛的男人有了孩子，
是兩個男孩，
一個參了軍，另一個長着一頭紅髮。
我的兒媳，
每晚與我的紅髮兒子同床。
他總是感到冷，
常說，「你的腳真暖和」，
然後就擠過去。
他們兩個十三歲，

每晚都講着悄悄話一起入睡。
有一天晚上，
他的夢中下了雨，
雨說，
把你的頭髮給我，
把你的頭髮給我，
在夢裏，我的兒子中了邪。
我爬到山頂時，
他在用風洗頭。
平原，
在水下，
雲碰到了土地。
我在等一個動靜，
在等一個聲音，
從藏了我兒子的水中發出。
我的身後聚集了很多村民，
他們手中點燃的木棒，
提醒了我黑暗的存在。
我不能再等，
來到霧氣籠罩的山下。
泥土越來越深，
我無力抵抗黑暗。
我擔心他會冷，
他的頭髮會髒。
一個聲音說，
他死了。

他不會再感到冷了，
他比雨還安靜。
我的臉上掛滿泥和悲傷，
我挪動他的身體，
手捧他的頭髮。
他們把他臉朝下放到馬上，
到達山頂時，
隱約能看到一絲光。

XVI
在綠眼睛的男人留下的床上，
我一天天老去，眼盯屋頂。
現在，
我的裙子也像母親的一樣長。
我的頭髮，
比我紅髮兒子的長。

一切都很短暫，
旅途，
死亡，
還有別墅。
我已一無所有，
除了那些煙熏的柱子。

我要最後一次攢點氣力，
我的頭髮要發出散沫花的味道，

我的河中要有蘋果花。
如果老天能夠聽到我講話，
我想跟他要一塊小小的墓地，
能讓我忘記空曠的別墅，
和那些風聲。

（李智育譯）

Winds Howl through the Mansions

When we were born
It was our mother
Who had caskets made for us
And filled them with silver mirrors
Dark blue stones
And fabrics smuggled from Aleppo
Later
She would put us in those caskets
And whisper in our ears
Of roads
And winds
And mansions.
To stop us being lonely in the dark
She would add our childhood too
To comfort us
With that childhood.
But when we were left
In the long river whose waters streamed
With blood that poured from ritual razor-slashes on our
    backs
Our mother never wanted such an outrage
And that is why
We kept telling the waters
While she was sleeping
We moved far away.

What's left from that flight
Everything, everyone is here.
I am here
My brothers and sisters are here with their loss
My mother with her dresses
My brother with his fear of war
My father's here, but not awake
Around me the world has shrunk
All like a dream
That hurts the longer it lasts

I
Our mother
Stroking her black velvet dress
And veiling her gaze with her hair
Would remember our father:

She said he was on a white mountain
A white mountain getting smaller every spring

II
When our brother
Older than all of us
And afraid of the distant war
Never came home

We too feared the war.
But it wasn't war that kept him away.
On his way back
He fell asleep with his horse
On the snowy mountain facing our father's

As our mother's face grew thinner
And our mother's shoulders shrank
We wondered which mountain to look at

III
On the long veranda of our house
As her velvet dress grew longer
Her silver hairband heavier
Her silver belt looser
Our mother looked more and more
Like the mountains she watched.
In spring her shell was wearing out
But we couldn't reach her.
She was dying
Pining away
She never appeared again on the veranda

IV
Lost every winter

Returning in spring
Our mother became a tree

A tattooed oak
Her moaning in our ears

V
Every night
In her black velvet dress
Our mother wandered among the mountains
She was a rootless oak
Silent, now and then weeping

Before we parted
We would gather in our mother's shadow
And whisper among ourselves
Please God forgive us
Spare our house
Don't touch our veranda
Only there can we laugh
Only there can we be really silent
Only there can we say what we like
And even if we don't touch her

We can see our mother from afar

VI

When the cold spell began
Horsemen came to take us away
Horsemen old and strange
Who made us afraid
Snow veiled their eyes.
Without a word
Not looking at our little hands
They came to carry us off to the mansions
Mansions howling with winds

VII

While our mother
Slept peacefully
Between our father and brother
We went far away with the old horsemen.
Our necks ached with looking round
Our eyes narrowed at every bend.
But in vain
We wept in vain
Our sickness was in vain
The horsemen had lost the way

We could never go back

VIII

We were like rocks rolling from the mountains.
We four sisters
In a valley of deepening shadow
Searched for the beds
No longer ours
Searched for days.
With every mountain we crossed
We were so far from each other
So alone with ourselves

IX

No beginning no end
No inside no outside
There we were
In the midst of that world of stone.
As our paths lengthened
Our mother's tattoos grew darker

X

We would all separate
Where the road split.
But who would be the first
The first to be afraid
Of the way

The night
And the old horseman.
We were in no order
We trembled at every parting of the ways.

I was the last
The narrow road stretched before me
Gathering strength from their grief
I was the traveller

XI

When I came to the first windswept mansion
I slept for days
Among copperpots and kilims.
I could have loved the wind
But for the doors and windows

XII

Ten years I spent with the wind
I was cold in every mansion
There's no sense in talking I said
If there can't be a human echo

I was like the silent mansions
With more and more doors

XIII
As the horses grew fewer the silver less
I moved from place to place
As I neared the south
I recognized the voice of the stars

XIV
At night
The lonely foolish moon
Resembled me
There was something strange in my laugh
I was growing up.
Sometimes I thought about love
Lord of the body.
Nights when I couldn't sleep
I smelt of earth

And on every journey I took
I ignored my tiredness
And daydreamed.
Once when the roads no longer scared me
There came a green-eyed man
Who made fun of poverty
As he grew older
His eyes grew darker.

XV

I had children by that green-eyed man
Two lads
One joined the army, the other had red hair.
And my daughter-in-law,
Slept every night by my red-haired son.
He was always cold
"How warm your feet are"
He would say
As he pressed closer.
At thirteen the two children
Went to bed whispering together.
One night
Rain entered his sleep.
Leave me your hair
Leave me your hair
Said the rain
And cast a spell on my son in his sleep.
When I climbed the hill
Where he washed his hair with wind
The plain was under water.
Clouds clung to the earth.
I was waiting for a movement
A voice
From the waters hiding my son.

The villagers gathered behind me
With their flaming torches
Reminded me of the darkness.
I couldn't stay still
But went down to the steaming earth.
The mud grew deeper
I had no power against the dark.
I feared he'd be cold
And his hair dirty again.
When a voice said
"He is dead"
My son felt cold no longer
He was quieter than rain.
My face streaked with mud and grief
I carried his body,
I carried his hair in my hands.
They put him facedown on the horse
As it climbed the hill
It was secretly shedding light.

XVI
In the bed abandoned by the green-eyed man
I grow old gazing at the ceiling.
Now
My skirts are as long as my mother's.

My hair longer
Than the red hair of my son.

Nothing lasted long
Journeys
Death
Mansions
Around me nothing remained
But pillars dark with soot

I must gather my strength for the last time
My hair must smell of henna
There must be apple-blossom in the ritual water
That washes my dead body.
And if God can hear me
I ask for a narrow grave
To make me forget
Those spacious mansions
And their howling

(Translated by Ruth Christie)

TÖREN GİYSİLERİ

Çürümüş donuk kalbinde bu toprakların
Gözleri gördüm.
Herkes sesiyle vardı
Ve duruşuyla gövdesinin.
Bir insanı en iyi sevişirken tanırız.
Kalbimizi birlikte çürütürken.
Ağırlaşan gövdemiz
Gece uyandırır.
Mezar gibidir avlulu evler.
Çocukluk bir uykudur. Uzun sürer.
Ve dokunmak için bir arzu
Bir arzu sürükler bizi ölüme.
Ben kendimi sınadım her gövdede
Ben kendimi bıraktım her şehirde
İçime aldım göğünü ülkelerin
Ve boşluğunu görünce kalbimin
Gitmeli dedim.

Çürümüş tören giysileri içinde
Askıda salınan kökler.
Biz denize düşürsek de ateşi
O hep yanar.
Issızlık bahşeder karanlığa. Yanar.
Tarih bir yanılgı olabilir diyor şair
İnsan bir yanılgıdır diyor tanrı.
Çok sonra

Bu toprakların kalbi kadar
Çürümüş bir sonrada
İnsan bir yanılgıdır diyor tanrı.
Ve düzeltmek için varım
Ama geciktim.

Ölü kızıl suyun dalgası
Gece yürünen yol
Ve yolcuların dağıldığı zavallı yeryüzü
Salınan beyaz kefenler
Tören giysileri.
Ve bir koşu için gerekli tek şey
Atın yelesidir.
Aslolan,
Şimdi ve burada
Çürüyüp kaldık.

Tanrı görmesin harflerimi
İnsan bir hata diyor durmadan
Ve hatasını düzeltmek için
Acı veriyor
Sadece acı.

(Şubat '97, Berlin)

禮服

在腐爛、靜止的泥土中，
我看到了一些眼睛。
人存在是因為他有聲音，
他有身軀。
做愛的時候最容易了解一個人，
我們的心一起腐爛。
越來越沉的身體讓我醒來，
在夜晚。
有院子的房子像墓地。
童年是一場夢，十分漫長。
想要觸碰身體的願望，
把我們拖向死亡。
我把自己植入不同的軀體，
把自己流放到不同的城市。
我把所有國家的天空都印在心裏，
當我看到自己內心的空虛，
我說，得走了。

花盆裏搖擺着的根，
裹在腐爛的禮服中。
即使我們把火扔到海裏，
它還可以點燃。
它贈大海以荒涼。它會燃燒。
詩人說，歷史可能是一場誤會，
老天說，人就是一場誤會。
過了很久，

連泥土的心都腐爛了時，
老天説，人就是一場誤會，
我為了糾正它而存在，
可是，我遲到了。

紅色死水的波濤，
夜晚行走的路，
以及散布着行者的可憐的地球，
搖擺的白色裹屍布，
就是禮服。
賽馬需要的唯一東西，
就是馬鬃。
事實是，
現在，在這裏，
我們在爛去。

不要讓老天看到我的文字，
他總説人是一個錯誤，
他為了糾錯，
讓人痛苦，
只有痛苦。

（1997年2月，柏林）

（李智育譯）

Ceremonial Robes

In the cold decayed
heart of these lands
I saw eyes.
Everyone was there with their voice
and their body's pose.
We know someone best while making love,
when we corrode our hearts together.
Growing heavy, our body
wakes us in the night.
Houses with courtyards are like graves.
Childhood is a sleep, long-lasting.
And a yearning to touch,
a yearning drags us towards death.
I tested myself in every body,
I abandoned myself in every city.
I took the skies of countries to my heart
and when I saw the emptiness of my heart,
I said, it's time to go.

Inside the mouldering robes of ceremony
roots sway on the hanger.
Even if we drop fire in the sea
it will burn for ever,
it burns, a gift of desolation to the dark.
Perhaps history is a mistake says the poet
mankind's a mistake says god.

Much later,
in a future corrupt as the heart of these lands,
mankind's a mistake says god,
I'm here to correct it
but too late.

The wave of red lifeless water,
the road followed at night,
the poor earth strewn with travellers,
the white swaying shrouds,
ceremonial robes.
The only thing needed for a race
is the horse's mane.
This is the truth,
now we are here
rotted away in a rut.

God must not see the letters of my script.
Mankind's a mistake, he keeps saying.
And to correct his mistake
he gives sorrow,
only sorrow.

(February 1997, Berlin)

(Translated by Ruth Christie)

1968年9月14日生於土耳其東南西臺古城馬拉什的一個阿勒維‧庫爾德族家庭。曾在安哥拉大學修讀法律，但從未執業。求學期間曾在多本文學期刊發表詩作。她的詩歌被評為「黑暗和神秘」，充滿異教意象的巫術詩歌曾經引起極大的關注，內容在時態上脫離當下，回歸過去，回到她的出生地和家鄉的大自然和生活中。1996年出版的第一本專輯《嘯嘯風聲響徹大宅》曾獲得多個文學獎。之後出版的詩集，包括1999年的《神絕不可窺見我手寫的字體》及2002年的《月亮撫養的兒子》和《在他的沙漠中》都受到廣泛的稱許。她的詩歌曾被翻譯成十七種語言。2008年3月出版的《阿伯拉罕的告別》被評論家喻為是馬突爾最優秀的作品，靈感來自數千年來的Sufi傳統，並成功地創造出自我的本體和個人的神話。2010年出版的《命運的海洋》收集了Mehmet Günyeli在伊斯坦布爾和安哥拉著名畫廊展出過的攝影作品。她最新的作品《望過山背後》於2011年2月出版，是她的第一本散文集。

Bejan Matur was born of an Alevi Kurdish family on 14 September 1968 in the ancient Hittite city of Marash in Southeast Turkey. She studied Law at Ankara University, but has never practiced. In her university years, her poetry was published in several literary periodicals. Reviewers found her poetry "dark and mystic". The shamanist poetry with its pagan perceptions, belonging to the past rather than the present, of her birthplace and the nature and life of her village, attracted much attention. Her first book, *Rüzgar Dolu Konaklar* (Winds Howl through the Mansions) published in 1996 won several literary prizes. Her following books, *Tanrı Görmesin Harflerimi* (*God Must Not See the Letter of My Script*) in 1999, *Ayın Büyüttüğü Oğullar* (*The Sons Reared by the Moon*) and *Onun Çölünde* (*In His Desert*), both published in 2002, were warmly greeted. Her poetry has been translated into 17 languages. Her book *İbrahim'in Beni Terketmesi* (*Leaving of Abraham*), published in March 2008, was considered by the critics to be her best book ever, creating a personal ontology and a personal mythology inspired by thousands of years of Sufi Tradition. In 2010, she published *Kader Denizi* (*Sea of Fate*) with the photographs taken by Mehmet Günyeli after his exhibition in prestigious galleries in Istanbul and Ankara. Her most recent book, published in February 2011, is called *Dağın Ardına Bakmak* (*Looking Behind the Mountain*) and is her first prose book.

出版 Publisher
香港中文大學出版社 The Chinese University Press

封面及平面設計 Cover and Graphic Designer
朱德華 Almond Chu

製稿及分色 Art Work and Colour Separation
明星鐳射分色有限公司 Star Laser Graphic Co. Ltd.

印刷 Printer
宏亞印務有限公司 Asia One Printing Ltd.

出版日期 Date of Publication
二零一一年十月 October 2011

國際書號 ISBN
978-962-996-516-7

香港國際詩歌之夜2011主辦單位
International Poetry Nights in Hong Kong 2011 Organizers

香港中文大學東亞研究中心
Centre for East Asian Studies, The Chinese University of Hong Kong

香港城市大學人文社會科學院
College of Liberal Arts and Social Sciences, City University of Hong Kong

香港科技大學人文社會科學學院
School of Humanities and Social Science,
The Hong Kong University of Science and Technology

香港國際詩歌之夜2011協辦單位
International Poetry Nights in Hong Kong 2011 Co-organizer

木刻文化出版有限公司 MUKE Publishing Limited